PAIDEIA
ÉDUCATION

MIXTE
Papier issu de sources responsables
Paper from responsible sources
FSC® C105338

EDMOND DE ROSTAND

Cyrano de Bergerac

Analyse littéraire

© Paideia éducation.

22 rue Gabrielle Josserand - 93500 Pantin.

ISBN 978-2-7593-0363-2

Dépôt légal : Juin 2023

Impression Books on Demand GmbH

In de Tarpen 42

22848 Norderstedt, Allemagne

SOMMAIRE

- Biographie de Edmond de Rostand............................ 9

- Présentation de *Cyrano de Bergerac*......................... 13

- Résumé de la pièce... 17

- Les raisons du succès... 43

- Les thèmes principaux.. 47

- Étude du mouvement littéraire................................... 55

- Dans la même collection.. 63

BIOGRAPHIE DE
EDMOND DE ROSTAND

Edmond Rostand naît le premier avril 1868 à Marseille dans une famille aisée.

Elève brillant, il passe son baccalauréat à 16 ans. Il écrit tôt, et à 17 ans, il rédige sa première pièce *Les Petites Manies* où il brosse le portrait de personnages insupportables.

Il se lance ensuite dans des études de droit. Mais s'il s'inscrit au Barreau de Paris, il n'a pas le cœur d'exercer. Il songe pendant un temps à une carrière diplomatique puis choisit finalement de se consacrer entièrement à son activité littéraire.

Pendant ses études, il commence à écrire de la poésie et travaille sur l'œuvre de Zola et d'Honoré d'Urfé.

Depuis 1880, Edmond et sa famille passent tous leurs étés dans une station thermale à la mode, Bagnères-de-Luchon. C'est cet endroit qui lui inspire ses premières œuvres publiées comme *Le Gant rouge*, une pièce de théâtre et *Les Musardises*, un recueil de poésie. C'est aussi en s'y rendant en train qu'il rencontre Rosemonde Gérard, poétesse elle aussi qu'il épouse en 1890. Ils ont ensemble deux fils dont le premier, Maurice, devient à son tour poète et dramaturge et le second, Jean, un célèbre biologiste.

Avec son ami Maurice Froyez, un journaliste, il crée le « Club des natifs du Premier Avril ». Ils décrètent que ses membres jouiront à vie d'une entrée gratuite dans tous les établissements publics, bars comme opéras et maisons closes, pourront recevoir un « appartement de fonction » dans les Palais nationaux, recevoir le parrainage du chef de l'Etat et pourront rire aux enterrements.

En 1894, sa pièce *Les Romanesques* présentée à la Comédie-Française, est son premier succès. Pris d'une véritable passion, il écrit ensuite d'autres pièces pour la très célèbre comédienne Sarah Bernhardt.

Mais c'est avec *Cyrano de Bergerac*, en 1897, que son succès atteint des sommets. Il est acclamé (même si, comme pour tout succès de cette envergure, il subit aussi les critiques de certains détracteurs). C'est à cette période qu'il est au faîte de sa renommée. En 1900, il rencontre un nouveau succès avec *L'Aiglon*. L'année suivante, alors qu'il n'est âgé que de 33 ans, il entre à l'Académie française.

Mais, malade, il est contraint de se retirer au pays basque dans sa magnifique villa « Arnaga » où il écrit désormais. Il écrit alors *Chantecler*, une pièce dont les protagonistes sont des animaux et par laquelle il espère marquer son retour sur la scène parisienne. Néanmoins, le public, désarçonné par la complexité et l'incongruité de la pièce ne répond pas à ses attentes. La pièce ne rencontre pas le succès escompté et Rostand ne fera plus jouer de nouvelle pièce.

Dès 1914, lorsqu'éclate la première guerre mondiale, Rostand s'investit largement et manifeste son soutien aux soldats français. Il publie une série de textes de circonstance rassemblés dans *Le Vol de la Marseillaise*.

Quelques semaines après avoir assisté à la victoire des troupes alliées à Paris, il meurt, le 2 décembre 1918 à 50 ans, des suites de la grippe espagnole probablement contractée pendant une représentation de *L'Aiglon*.

PRÉSENTATION DE CYRANO DE BERGERAC

On connaît bien davantage le Cyrano de Bergerac recrée per Edmond Rostand que l'écrivain du XVIIe siècle dont il s'est inspiré pour créer son personnage. La pièce a même un statut privilégié dans le théâtre français, étant considérée comme une œuvre majeure. D'ailleurs, elle est immédiatement reconnue comme telle dès sa première représentation le 27 décembre 1897 à la Porte Saint-Martin. Le succès est considérable. Aujourd'hui, l'œuvre est si célèbre qu'elle a presque éclipsé les autres œuvres d'Edmond Rostand, mais surtout, elle a créé un personnage mythique, un archétype humain propulsé en véritable figure littéraire et populaire au même titre que Dom Juan ou le Cid. La pièce est écrite en alexandrins et Rostand la présente comme une « comédie héroïque », même si l'influence du théâtre romantique y est particulièrement sensible.

Le véritable Savinien de Cyrano, dit de Bergerac, a vécu dans la première moitié du XVIIe siècle et son œuvre ainsi que sa vie, sont bien connus de Rostand. Ses faits d'armes et sa fantaisie sont donc véritablement tirés de la vie de l'écrivain. En revanche, le véritable Cyrano n'était pas gascon et la belle histoire d'amour rapportée par Rostand serait en fait la transposition d'une aventure qu'il aurait vécu lui-même, un ami lui ayant demandé son aide pour séduire une snob. Savinien de Cyrano de Bergerac laisse une œuvre littéraire remarquable, faite de poèmes d'amour enflammés, de pamphlets, de satires et d'œuvres de science fiction.

La pièce de Rostand fait montre d'une écriture particulièrement brillante. Le rythme est tantôt très vif, tantôt traînant et les joutes verbales que Cyrano affectionne laissent aussi place à des monologues très poétiques et attendrissants. La structure même du drame qui implique de nombreux décors, des sauts dans le temps et un très grand nombre de personnages, en rend la représentation difficile mais fait aussi sa brillance et sa magie. La pièce traite de plus, des thèmes éternellement interrogés par la littérature et vecteurs d'une grande émotion, que sont l'amour, la timidité, l'amitié, la fidélité et le courage. La pièce joue aussi sur un thème qui passionne le public : la définition et la combinaison de la laideur et de la beauté. Les contes ancestraux comme *Riquet à la Houppe* sont déjà une expression de ce thème que Cyrano incarne à son tour.

Le véritable Cyrano historique a donc servi de tremplin à un personnage littéraire qui s'est imposé comme une figure presque mythique. Sans le représenter exactement tel qu'il fut, les éléments de sa vie alimentent un magnifique conte sur le cœur humain.

RÉSUMÉ DE LA PIÈCE

Acte I

Une Représentation à l'Hôtel de Bourgogne

Scène première

Le public composé de toutes sortes de personnages, puis les marquis Cuigy, Brisaille et des musiciens.

La pièce commence dans l'effervescence qui précède un spectacle à l'Hôtel de Bourgogne. Avant la représentation, des gardes, des ivrognes et des bretteurs se livrent à leurs occupations sous les yeux indignés d'un bourgeois et son fils. Le père explique qu'ils vont assister à Clorise, une pièce où l'acteur Montfleuri tient le rôle principal.

Scène 2

Les mêmes, Christian, Lignière, Ragueneau, Le Bret

Lignière présente Christian, baron de Neuvillette, aux marquis. Il leur apprend qu'il arrive tout droit de Touraine et doit entrer le lendemain dans le régiment des cadets de Gascogne. Les marquis énumèrent ensuite le nom des précieuses qu'ils reconnaissent dans la salle. Lignière s'apprête alors à partir car la dame pour laquelle Christian l'a fait venir n'est pas là. Le jeune homme insiste pour qu'il reste car il est amoureux d'elle et veut apprendre son nom. Ragueneau arrive ensuite. Lignière le présente comme le pâtissier des poètes. Il échange ses pâtisseries contre des vers ou des places de théâtre. Ragueneau leur explique qu'il cherche Cyrano car celui-ci a interdit à Montfleuri de reparaître en scène pour un mois et il veut voir ce qui se passera ce soir. Cuigy demande alors qui est cet homme et Ragueneau le décrit comme un « extravagant » au nez impressionnant. Roxane entre alors, soulevant des murmures d'admiration. C'est elle que Christian désigne à Lignière qui lui apprend que c'est une précieuse, cousine de Cyrano. Elle est accompagnée d'un certain Comte de Guiche, amoureux d'elle mais déjà marié et qui veut la faire épouser un vicomte de Valvert chez qui Christian décide de se rendre immédiatement.

Scène 3

Les mêmes moins Lignière, de Guiche, Valvert, Montfleuri

Les marquis flattent de Guiche qui appelle le vicomte Valvert qui l'accompagne. À ce nom, Christian veut le provoquer en duel en lui jetant son gant, mais en mettant la main dans sa poche, il rencontre celle d'un tire-laine (un voleur) qui pour s'amender, confie à Christian que son ami Lignière va être victime d'une embuscade comptant plus de cent hommes à la porte de Nesle, parce qu'une chanson qu'il a écrite a blessé un homme important. Christian se sauve pour rechercher son ami dans tous les cabarets où il pourrait se trouver. Sur scène, le rideau s'ouvre et Montfleuri paraît dans les acclamations. Il commence à déclamer son texte quand une voix retentit au milieu du parterre. La voix lui ordonne de quitter la scène. Encouragé par une partie du public à continuer quand même, Montfleuri reprend sa tirade et Cyrano paraît alors, l'air menaçant.

Scène 4

Les Mêmes, Cyrano, Bellerose, Jodelet

La salle réclame le spectacle et demande à Cyrano de laisser Montfleuri tranquille. Celui-ci lance alors un « défi collectif au parterre », prêt à affronter quiconque voudra s'opposer à lui. Effrayé, Montfleuri quitte la scène. Le parterre demande alors des comptes à Cyrano qui refuse de leur dire la véritable raison de son interdiction, si ce n'est que l'homme est mauvais acteur. Le directeur du théâtre déplore alors l'argent qu'il va falloir rendre et Cyrano lui jette donc sa bourse. Un fâcheux vient importuner Cyrano qui, croyant qu'il fixe son nez, le provoque. Le vicomte de Valvert, lequel veut se faire remarquer, lui déclare alors qu'il a un nez « très grand » et Cyrano se lance dans une longue tirade dans laquelle il décline sous toutes les formes les descriptions de son appendice. Une suite de comparaisons fuse, comparaisons magnifiées par sa verve légendaire. Quand le vicomte rétorque que Cyrano n'a pas l'allure d'un homme de cour, celui-ci lui explique qu'il n'a pas besoin d'artifices pour être un honnête homme. Cyrano provoque alors le vicomte en duel et lui livre bataille sur le rythme d'une ballade qu'il compose à brûle-pourpoint. La salle tout entière acclame Cyrano victorieux. Celui-ci confie finalement à Le Bret que la bourse qu'il a donnée contenait toute sa pension pour le mois. Son ami accuse son geste insensé mais Cyrano place la beauté du geste avant toute autre chose.

Scène 5

Cyrano, Le Bret, Le Portier

Le Bret essaie de faire entendre raison à Cyrano, lui faisant comprendre qu'il s'attire trop d'ennemis. Il lui demande ensuite le vrai motif de sa haine pour Montfleuri et celui-ci lui confie alors qu'il avait osé envoyer un baiser à la femme qu'il aime et qui n'est autre que sa cousine Roxane. Le Bret lui conseille d'avouer son amour, mais Cyrano, gêné par sa laideur, en aurait trop honte. Le portier annonce alors la duègne de Roxane.

Scène 6

Cyrano, Le Bret, La Duègne

La duègne annonce à Cyrano que Roxane veut s'entretenir avec lui. Il lui donne rendez vous le lendemain chez Ragueneau.

Scène 7

Cyrano, Le Bret, Des Comédiens, Cuigy, Brisaille, Lignière, Le Portier, Les Violons

Une si bonne nouvelle emplit Cyrano d'énergie. À ce moment, les marquis font leur entrée, soutenant Lignière saoul. Celui-ci explique à Cyrano qu'il ne peut rentrer chez lui car il a été prévenu que cent hommes l'attendent à la porte de Nesle et il lui demande l'hospitalité. Cyrano la lui refuse car il va combattre ces cent hommes et Lignière rentrera chez lui. Ils se mettent en route mais Cyrano défend à ceux qui l'accompagnent de lui prêter main-forte.

Acte II

La Rôtisserie des Poètes

Scène première

Ragueneau, Lise

Ragueneau qui écrivait des vers doit s'atteler à son activité de pâtissier. Sa femme traite son goût artistique comme une lubie ridicule et a fait des sacs en papier avec les pages de ses livres. Il en très affligé.

Scène 2

Les mêmes, deux enfants

Les enfants demandent des pâtées enveloppés mais Ragueneau est récalcitrant à utiliser l'une de ses pages de vers. Il se résout néanmoins et récupère le papier quand sa femme a le dos tourné en l'échange de trois pâtés supplémentaires. Cyrano entre dans la pâtisserie alors qu'il commence à déclamer les vers imprimés sur la feuille qu'il vient de récupérer.

Scène 3

Ragueneau, Lise, Cyrano, Le Mousquetaire

Cyrano a une heure d'avance et se sent un peu anxieux. Le Bret le félicite pour son duel de la veille mais Cyrano ne l'écoute pas. Il demande de quoi écrire une lettre d'amour à Roxane, qu'il lui laissera là car il craint de la revoir. Un mousquetaire, ami de Lise, entre sur ces entrefaites.

Scène 4

Ragueneau, Lise, Cyrano, Le Mousquetaire, Les Poètes

Les poètes qui viennent d'arriver expliquent ce qu'ils ont vu à la porte de Nesle. Ils rapportent tout ce qui se dit d'admirable de l'homme seul qui en a défait cent. Cyrano, tout à sa lettre, ne leur prête aucune attention, jusqu'à ce qu'il voit les poètes profiter de Ragueneau. Celui-ci s'en moque du moment qu'ils lui permettent de réciter ses vers. Il se tourne ensuite vers Lise qu'il suspecte de s'acoquiner avec le mousquetaire. Déconfits, ils quittent la pièce. Cela lui déplairait car Ragueneau est de ses amis. Voyant arriver Roxane, il chasse Ragueneau et les poètes.

Scène 5

Cyrano, Roxane, La Duègne

Pour éloigner la duègne et s'entretenir personnellement avec Roxane, Cyrano lui remplit les bras de gâteaux et lui ordonne de ne revenir que quand ils seront finis.

Scène 6

Cyrano, Roxane

Après avoir évoqué leurs souvenirs de jeunesse, Roxanne découvre une estafilade sur la main de Cyrano qui lui avoue son combat contre cent hommes. Roxane en est très impressionnée. Tandis qu'elle soigne sa main et que l'intimité renaît entre eux comme au temps de leur enfance, elle lui confie qu'elle est amoureuse de quelqu'un qui l'ignore. Cyrano se sent gonflé de joie jusqu'à ce qu'elle lui dise que l'homme en question est beau. Il comprend alors qu'il s'agit d'un autre. C'est en effet du baron Christian de Neuvillette qu'elle est éprise, et connaissant l'impétuosité des Gascons qu'il va rejoindre avec les nouveaux arrivants et dont Cyrano fait partie, elle prie son cousin de protéger Christian. Il jure de lui obéir et elle le quitte rassurée.

Scène 7

Cyrano, Ragueneau, Les Poètes, Carbon de Castel-Jaloux, Les Cadets, La Foule, de Guiche

Castel-Jaloux, le chef de la compagnie des Gascons, vient féliciter Cyrano pour son combat à la porte de Nesle. Il est accompagné de plusieurs cadets et d'une large foule qui embarrasse le héros. Il répond à tous très sèchement, étant mal à l'aise avec les honneurs et très dépité de son entrevue avec Roxane. De Guiche fait alors son entrée pour saluer Cyrano à son tour. Comme Le Bret fait remarquer à Cyrano qu'il a l'air malheureux, celui-ci qui ne veut rien laisser paraître, se reprend et présente la compagnie des Gascons, bretteurs et intrépides, au comte. De Guiche propose alors à Cyrano de travailler pour lui et lui assure la protection de Richelieu qui pourra même faire jouer ses pièces. Mais Cyrano, trop féru de liberté et de fierté refuse. Il veut s'élever « tout seul ». De Guiche déclare ensuite que c'est lui qui avait fait poster les hommes à la porte de Nesle. Rabroué par Cyrano, il quitte finalement la pâtisserie, non sans l'avoir mis en garde quant à son attitude insolente qui pourrait bien lui attirer des ennuis.

Scène 8

Cyrano, Le Bret, Les Cadets

Le Bret reproche à Cyrano de toujours passer à côté des chances qui s'offrent à lui. S'il se montrait moins fier, il pourrait accéder à la fortune et à la gloire. Cyrano rejette cette perspective car il refuse d'être un courtisan. Dressant la liste de tous les actes avilissants qu'il faut faire pour se faire aimer des puissants et qu'il rejette tous par la répétition de « non merci », il énumère ensuite les choses qui lui plaisent et qui sont les activités humbles et tranquilles d'un poète. Le Bret lui reproche pourtant de se faire des ennemis partout ce qui pourrait être dangereux. Et ne se laissant pas berner par son orgueil et son amertume, il devine que ces paroles son dictées par la douleur de son ami de n'être pas aimé de Roxane.

Scène 9

Cyrano, Le Bret, Les Cadets, Christian

Les Cadets pressent Cyrano de raconter l'histoire de son combat au nouveau venu. Les Gascons vantards, le tournent en dérision et le préviennent que nul ne peut parler du nez de Cyrano sans s'attirer les foudres de son possesseur. Christian, qui veut prouver sa bravoure, décide alors de faire une action d'éclat. Ainsi, il interrompt plusieurs fois le récit de Cyrano par des expressions ayant trait au nez. Celui-ci veut riposter et punir l'insolent, mais en apprenant son nom, il se souvient de la promesse qu'il a faite à Roxane et ne pouvant intervenir, il laisse le jeune homme continuer sa provocation, jusqu'à ce qu'excédé, il ordonne à tout le monde de sortir.

Scène 10

Cyrano, Christian

Cyrano, admiratif de la bravoure ce Christian, veut l'embrasser. Celui-ci en reste interdit et Cyrano lui apprend alors qu'il est le cousin de Roxane, qu'elle l'aime et qu'elle attend une lettre de lui dans la soirée. Christian s'en afflige car il n'a pas d'esprit et se sait incapable d'écrire une telle lettre. Cyrano a alors l'idée de combiner la beauté de Christian à sa propre éloquence pour créer un « héros de roman ». Il écrira les lettres pour Christian et lui dictera ses mots. Cyrano semble si fougueux à cette idée que Christian s'en inquiète. Celui-ci prétend alors qu'il veut faire cela uniquement comme une expérience de poète qui veut juger de l'effet de ses paroles. Christian finit par oublier ses réticences et accepte. Cyrano lui donne la lettre qu'il avait écrite le matin même pour Roxane, l'assurant qu'elle conviendra à la perfection.

Scène XI

Cyrano, Christian, les Gascons, Les Mousquetaires, Lise

Voulant suivre l'exemple de Christian, un cadet tente de plaisanter Cyrano sur son nez. Celui-ci le soufflette et les Cadets se réjouissent d'avoir retrouvé leur héros tel qu'il était.

Acte III

Le Baiser de Roxane

Scène première

Ragueneau, Roxane, La Duègne, Cyrano, deux Pages

Sur une place devant la maison de Roxane, Ragueneau expose à la duègne son infortune. Sa femme l'a quitté pour un mousquetaire, et ses amis poètes l'ont conduit à la faillite, mais grâce à Cyrano, il a pu devenir l'intendant de Roxane. Cyrano arrive alors accompagné de musiciens qui le suivent pour la journée parce qu'il a gagné un pari. Comme tous les jours, il vient demander à Roxane, qui doit se rendre chez une autre précieuse pour assister à un discours sur le Tendre, si elle trouve toujours Christian parfait. Elle s'extasie sur sa beauté et sur son esprit. Elle lui récite des passages de ses lettres qu'elle connaît par cœur et que Cyrano se plait à entendre célébrer. La Duègne vient annoncer l'arriver de de Guiche. Cyrano entre dans la maison.

Scène 2

Roxane, de Guiche, La Duègne

Le Comte vient annoncer à Roxane qu'il part le soir même pour Arras à cause de la guerre avec le régiment des gardes. Roxane ne peut pas cacher son trouble en apprenant que Christian part au combat et le déguise en faisant croire à de Guiche que c'est pour lui qu'elle s'inquiète. Profitant habilement de son bonheur à cette nouvelle, elle le flatte et lui suggère pour punir Cyrano, de ne pas envoyer son régiment au combat. Elle lui laisse entendre qu'un homme qui aime à ce point la confrontation serait bien vexé d'être privé de bataille. Encouragé par le jeu de Roxane, de Guiche décide de rester lui aussi mais elle lui laisse entendre qu'elle veut qu'il se couvre de gloire et le congédie.

Scène 3

Roxane, La Duègne, Cyrano

Se rendant chez son ami avec la duègne, Roxane charge Cyrano de dire à Christian de l'attendre. Il lui demande sur quoi elle a l'intention de l'interroger aujourd'hui et Roxane lui confie qu'elle le laissera broder autour de son amour. Elle lui fait promettre de ne rien dire à Christian. Elle entre dans la maison et Cyrano appelle Christian.

Scène 4

Cyrano, Christian

Cyrano presse Christian, il va lui apprendre ce qu'il faudra dire. Mais de manière assez surprenante, Christian refuse. Il en a assez de répéter les mots d'un autre et se sent assez d'amour pour parler seul. Pourtant, en voyant arriver Roxane, il prend peur et rappelle Cyrano auprès de lui mais celui-ci le laisse se débrouiller tout seul.

Scène 5

Christian, Roxane, Des Précieux, La Duègne

Les Précieux se séparent, Roxane leur dit adieu et vient s'installer près de Christian pour l'entendre parler d'amour. Devant le terrible manque d'éloquence de Christian qui ne fait que répéter qu'il l'aime, Roxane prend la mouche et s'en va. Cyrano qui a assisté à cet échec, manifeste alors sa présence.

Scène 6

Christian, Cyrano, Les Pages

Christian supplie Cyrano de l'aider à réparer cette situation. En voyant paraître Roxane à son balcon, il a alors l'idée de se cacher en dessous et de souffler ses mots à Christian. Les pages reparaissent alors, et Cyrano leur ordonne de se poster aux coins de la rue pour le prévenir d'un air de musique si quelqu'un venait chez Roxane. Une fois qu'ils sont partis, Christian appelle Roxane.

Scène 7

Roxane, Christian, Cyrano

Roxane se laisse peu à peu adoucir par les mots que Cyrano dicte à Christian. Mais comme celui-ci ne peut les rapporter autrement que de manière peu hâtive car il doit d'abord les entendre, Cyrano prend sa place et, parlant comme lui a mi-voix, Roxane ne remarque pas que son interlocuteur a changé d'identité. Roxane presse « Christian » de se faire voir, mais effrayé, Cyrano refuse, lui assurant qu'il est bien plus doux de se parler un instant sans se voir. Cyrano laisse alors dans de longues tirades, éclater toute la profondeur de son amour. Il rejette les jeux d'esprit que Christian avait d'abord affectés pour séduire Roxane et lui parle avec sincérité et simplicité, du plus profond de son cœur. Profitant de cette occasion d'être enfin lui-même, il lui fait la déclaration la plus poignante qu'elle ait jamais entendue. Christian rompt alors la grâce du moment en demandant abruptement un baiser. Christian le gronde d'être allé trop vite et tente de se justifier à Roxane mais ils sont interrompus par l'arrivée d'un capucin (homme d'Eglise). Roxane ferme se fenêtre.

Scène 8

Cyrano, Christian, un capucin

Le capucin demande où se trouve la maison de Magdeleine Robin (Roxane). Cyrano lui indique une mauvaise direction et le capucin repart.

Scène 9

Cyrano, Christian

Christian prie Cyrano de lui obtenir un baiser. Cyrano accepte à contre cœur.

Scène 10

Cyrano, Christian, Roxane

Cyrano convainc Roxane d'accepter de lui donner un baiser et Christian monte le recevoir. Comme les musiciens indiquent alors le retour du capucin, Cyrano, feint d'arriver subitement. Christian mime lui aussi la surprise.

Scène 11

Cyrano, Christian, Roxane, Le capucin, Ragueneau

Le capucin apporte une lettre de de Guiche. La lisant à l'écart, Roxane découvre que se croyant aimé d'elle, il a fait mine de partir mais est toujours à Paris et veut venir lui rendre visite le soir même. Elle fait alors semblant de relire la lettre devant le capucin, prétendant qu'il lui ordonne d'épouser Christian contre sa volonté et que le capucin doit prononcer le mariage sur-le-champ. Roxane envoie Cyrano à la porte pour retenir de Guiche pendant que le capucin prononcera le mariage.

Scène 12

Cyrano, seul

Cyrano réfléchit au moyen de faire perdre un quart d'heure à de Guiche. Ayant une idée, il se drape dans sa cape et monte sur le mur du jardin prêt à se laisser tomber. Une musique sinistre retentit pour annoncer l'arrivée du Comte.

Scène 13

Cyrano, de Guiche

Cyrano se laisse tomber aux pieds de de Guiche qui arrive devant la porte de Roxane, comme s'il tombait du ciel. Feignant d'être tombé de la lune, Cyrano déguisé fait donc à de Guiche, le récit de son incroyable voyage dans l'espace. Il lui énumère sept moyens de son invention pour monter dans la lune et quand enfin il a réussi à attirer son attention, il lui dévoile son identité car le mariage étant réalisé, il n'a plus besoin de tenir de Guiche loin de la maison de Roxane.

Scène 14

Les mêmes, Roxane, Christian, Le capucin, Ragueneau, Laquais, La Duègne

De Guiche est furieux et, voyant que Roxane s'est jouée de lui, il décide d'envoyer les Cadets à la guerre et ordonne à Christian de porter l'ordre. Roxane demande à Cyrano de veiller sur son époux pendant le siège et lui demande de promettre tout un tas de choses. Il y en a une que Cyrano lui assure : Christian lui écrira souvent.

Acte IV

Les Cadets de Gascogne

Scène première

Christian, Carbon de Castel-Jaloux, Le Bret, Les Cadets, Cyrano

Les cadets font le siège d'Arras dans des conditions très difficiles. Ils ont surtout très faim. Cyrano rentre alors qu'il dorme tous. Au péril de sa vie, il a franchi le barrage des Espagnols comme chaque matin pour poster les lettres qu'il destine à Roxane. Le Bret lui reproche de mettre ainsi sa vie en danger, mais Cyrano ne veut rien entendre et retourne écrire une autre lettre.

Scène 2

Les mêmes sans Cyrano

Le jour se lève et les cadets se réveillent. Ils déplorent leurs conditions de vie. Ils réclament de la nourriture. Carbon qui ne sait plus comment les calmer, appelle Cyrano à sa rescousse.

Scène 3

Les mêmes, Cyrano

Cyrano reproche aux Cadets de ne penser qu'à manger alors même qu'ils combattent pour une cause plus noble. Pour calmer les cadets, il demande alors à l'un d'eux de jouer un air de flûte et évoque les souvenirs de la Gascogne. Les Gascons nostalgiques s'attendrissent et ne pensent plus à la faim. Un coup de tambour annonçant de Guiche les ramène à leur situation. Par fierté, ils décident de ne pas lui laisser voir qu'ils souffrent de la faim car ils voient bien que c'est ce que de Guiche lui-même essaie de faire. Ils font donc mine de vaquer tranquillement à leurs occupation, de jouer aux cartes.

Scène 4

Les mêmes, *de Guiche*

De Guiche vient se plaindre à Castel Jaloux de ce que les Gascons l'appellent un fier et n'aient pas de respect pour lui. Bien décidé à leur prouver qu'ils se trompent, il narre ses exploits guerriers. Il se vante d'avoir abandonné son écharpe blanche (signe par lequel on reconnaissait les nobles ou les gradés militaires pendant les combats) pour n'être pas reconnu des Espagnols et mener une nouvelle attaque. Cyrano déclare que cela est justement un manquement à l'honneur de pouvoir porter un tel « panache blanc » et révèle alors à la surprise de tous, que voyant l'écharpe abandonnée, il l'a ramassé et s'apprête à la porter lui-même pour attaquer l'ennemi. Voyant l'écharpe, de Guiche en profite pour faire un signal à un faux espion espagnol dont il se sert pour mener le combat, méthode que Cyrano désapprouve grandement. De Guiche leur apprend que la grande offensive est prévue pour un peu plus tard, mais surtout, il annonce à Castel que le rôle des Cadets est celui de se faire tuer pour gagner du temps en attendant l'arrivée des troupes du Maréchal. Cyrano comprend que de Guiche veut ainsi réaliser sa vengeance. Christian se réveille alors et sa première pensée est pour Roxane à laquelle il veut faire ses adieux. Cyrano lui tend la lettre qu'il a écrite à cet effet. Découvrant un « petit rond » sur la lettre, Christian comprend qu'il s'agit d'une larme et devant la décontenance de Cyrano, comprend également que ses sentiments pour Roxane ne sont pas ceux qu'il a toujours prétendu éprouver. Il n'a pas le temps de le confronter à sa découverte car un chariot arrive, dont sort, dans la stupeur générale, Roxane.

Scène 5

Les mêmes, Roxane

Roxane raconte aux Cadets incrédules comment elle a réussi à franchir les lignes espagnoles par le simple pouvoir de son sourire. Toute la compagnie, bien que très impressionnée, prie Roxane de fuir au plus vite. En apprenant qu'on va se battre, Roxane décide de rester avec son époux. De Guiche est obligé de quitter la scène pour faire une inspection militaire.

Scène 6

Les mêmes sans de Guiche

Carbon de Castel-Jaloux présente à Roxane sa compagnie et avec beaucoup de galanterie, lui demande son mouchoir pour servir de drapeau. Les Cadets sont charmés par la jeune femme, mais ils ont toujours faim. Roxane leur révèle alors que son cocher n'est autre que Ragueneau et que le chariot est plein de victuailles. Tandis que tous déballent les marchandises, Cyrano demande un entretien à Christian. On annonce soudain l'arrivée de de Guiche et les Cadets s'empressent de cacher toute la nourriture.

Scène 7

Les mêmes, de Guiche

De Guiche s'étonne de l'attitude guillerette des cadets : certains ont même l'air saoul. Puis, voyant que Roxane a pris la ferme résolution de rester pour le combat, il réclame un « mousquet », choisissant de se battre avec les Cadets. Les Gascons ravis de sa bravoure lui offrent alors de la nourriture et le comptent comme l'un des leurs. Il emmène avec lui Roxane pour passer les Cadets en revue et Christian en profite pour demander à Cyrano de quoi il voulait lui parler. Celui-ci le prévient alors qu'il a écrit à Roxane beaucoup plus souvent qu'il n'a bien voulu le dire et lui révèle comment il a bravé la mort pour poster ses lettres. Christian commence à comprendre que Cyrano lui cache quelque chose, mais encore une fois, il n'a pas le temps d'achever car déjà, Roxane revient.

Scène 8

Roxane, Christian

Christian demande à Roxane pourquoi elle est venue et celle-ci lui révèle que c'est à cause des lettres qu'elle a reçues pendant le siège et où elle sentait une véritable sincérité. Elle ajoute qu'elle a réellement pris conscience qu'elle aimait Christian le soir où il lui a parlé sous le balcon. Elle s'excuse ensuite de ne l'avoir aimé d'abord que pour sa beauté et lui affirme qu'elle continuerait à l'aimer tout pareillement s'il était le plus laid des hommes. Ces paroles sont très douloureuses pour Christian qui la quitte précipitamment pour aller parler à Cyrano.

Scène 9

Christian, Cyrano

Christian révèle à Cyrano ce que Roxane vient de lui dire et le somme d'aller déclarer ses sentiments à la jeune femme. Cyrano refuse de croire pourtant qu'elle aimerait un homme pour son âme seule, mais Christian a besoin d'en avoir la preuve et lui ordonne de déclarer sa flamme pour savoir lequel des deux elle préfère.

Scène 10

Roxane, *Cyrano*, *puis Le Bret*

Cyrano commence par demander à Roxane la confirmation de ce qu'elle a dit à Christian et comme elle s'obstine dans sa proclamation, il se prend à espérer. Il est sur le point de tout lui révéler quand Le Bret vient lui annoncer quelque chose à l'oreille. C'est une nouvelle terrible. Renonçant à son aveu, il tente alors d'écarter Roxane qui comprend soudain que Christian vient d'être touché. Elle se précipite sur le jeune homme auquel Cyrano a tout juste le temps de dire un dernier mensonge, prétendant qu'il a tout avoué à Roxane et que c'est lui « qu'elle aime encore. » Alors que le combat fait rage, Roxane se lamente sur le corps de Christian et finit par trouver la lettre d'adieu. Elle s'évanouit et est portée loin de la mêlée. Cyrano alors, n'ayant plus de raison de vivre s'engage avec fureur dans le combat.

Acte V

La Gazette de Cyrano

Scène première

Mère Marguerite, Sœur Marthe, Sœur Claire

La scène se passe quinze ans après la bataille. Les sœurs parlent de Cyrano soulignant qu'il vient tous les samedis au couvent où Roxane s'est retirée depuis des années pour la voir. Les religieuses l'apprécient beaucoup malgré ses atteintes aux principes religieux. Mère Marguerite leur explique aussi qu'il est devenu un homme pauvre, mais trop fier pour supporter qu'on lui fasse la charité. Elles précisent aussi qu'un certain duc qui lui rend visite en ce moment vient la voir de temps à autres, mais qu'il est très pris par sa vie mondaine.

Scène 2

Roxane, de Guiche puis Le Bret et Ragueneau

On comprend que le duc n'set autre que de Guiche. Il s'entretient avec Roxane de Christian pour lequel elle continue d'éprouver un amour profond. Depuis sa mort, elle porte toujours sur elle sa dernière lettre. Elle lui explique ensuite que Cyrano vient toujours la voir et lui apporte les nouvelles du monde. Le Bret arrive alors et se lamente à propos de la disgrâce de Cyrano dont les pamphlets lui ont attiré une horde d'ennemis. Il souligne en outre sa pauvreté et la solitude de sa condition, mais Roxane répond à ses craintes par un enjouement confiant, elle est sûre qu'il ne peut rien lui arriver car on a trop de crainte de sa fougue. Le duc qui a tout réussi, possède tout, s'attendrit alors et avoue qu'il lui arrive parfois d'envier ce miséreux qui ne s'est jamais compromis en rien et qui a su conserver sa fierté intacte. Il prévient également discrètement le Bret qu'il a entendu des bruits sur « un accident » qui pourrait arriver à Cyrano et lui intime de conseiller la prudence à son ami. Ragueneau est alors annoncé. Les personnages soulignent que sa destinée a été très fluctuante et qu'il a, ces dernières années, exercé beaucoup d'activités différentes. Roxane sort pour raccompagner de Guiche et éviter le récit des malheurs de Ragueneau.

Scène 3

Le Bret, Ragueneau

Ragueneau apprend à de Guiche que Cyrano vient d'être victime d'un guet-apens : quelqu'un a laissé une poutre choir sur sa tête. Il n'est pas mort mais grièvement blessé. Ragueneau craint qu'il ne meurt s'il essayait de se lever et prie Le Bret de l'accompagner au chevet de leur ami. Les deux hommes quittent immédiatement le couvent.

Scène 4

Roxane, seule

Roxane se prépare joyeusement et s'attendrit à l'idée de l'arrivée de Cyrano pour lequel elle a préparé son fauteuil habituel. On annonce l'arrivée de Cyrano.

Scène 5

Roxane, Cyrano, et Sœur Marthe pendant un moment

Tandis que Roxane brode, Cyrano, en retard pour la première fois, s'installe et lui rapporte les nouvelles du monde et de la cour, après avoir comme à son habitude taquiné sœur Marthe qui s'étonne de sa pâleur. Il la prie de ne pas le faire remarquer pour ne pas effrayer Roxane. Il lui donne même pour la première fois l'occasion de prier pour lui ce soir. Dans son récit des petites affaires de la cour, Cyrano est soudain pris d'une faiblesse qui inquiète Roxane. Il la rassure en prétendant que ce n'est que sa vieille blessure d'Arras qui se manifeste parfois. Roxane se lamente alors sur sa propre blessure, infligée par ce siège et Cyrano profite de l'occasion pour lui demander la lettre de Christian dont elle lui avait promis un jour la lecture. Il commence alors à la lire à haute voix, ce qui étonne Roxane. Mais surtout, elle est surprise par la voix qui profère ces mots d'amour et qu'elle reconnaît comme étant celle qui lui avait assuré son amour sous le balcon. Elle comprend alors que c'est Cyrano qui l'a aimée tout ce temps et lui demande pourquoi il brise aujourd'hui le silence de sa « généreuse imposture ». Il n'a pas le temps de répondre car Le Bret et Ragueneau entrent alors en courant.

Scène 6

Les Mêmes, Le Bret, Ragueneau

Les amis de Cyrano apprennent à Roxane qu'il a subi un accident et, grièvement blessé, il était sur le point de mourir en venant la voir. Soutenu par ses amis au désespoir, Cyrano fait le bilan de sa vie, vécue dans l'ombre des autres sans jamais être reconnu à sa propre valeur, mais faite de la plus grande liberté et de l'indépendance absolue. Dans son délire, il parle de la lune, de science, de sa carrière militaire, de sa sensation de n'avoir jamais été aimé. Il remercie Roxane d'avoir été la seule femme de sa vie. Puis, défiant de son épée dégainée la mort qu'il voit approcher, il tombe au pied d'un arbre dans les bras de Roxane, non sans avoir sauvé la seule chose qu'il peut encore emporter avec lui, son « panache ».

LES RAISONS
DU SUCCÈS

Dès sa première représentation le 27 décembre 1897, la pièce rencontre un succès considérable. Elle est accueillie par vingt minutes d'applaudissements ininterrompus. Rostand est même décoré de la légion d'honneur par Jules Méline. Néanmoins, la pièce ne fait pas date au sein de l'histoire littéraire. Elle n'a pas donné naissance à un nouveau mouvement esthétique et si elle représente en elle-même un monument sacralisé de la scène française, elle n'est pas la source d'un changement majeur dans l'histoire de la littérature.

Malgré son grand succès, certains critiques lui reprochent son chauvinisme et prétendent qu'elle plaît surtout car elle renvoie aux Français l'image d'un héroïsme national, d'une verve impitoyable et admirable. Cette explication simpliste ne suffit bien sûr pas pour rendre compte de l'incroyable réception et de la longévité de l'œuvre.

La pièce est même une bonne représentation de ce qui se passait alors sur la scène française. D'un côté, c'est l'émergence du théâtre symboliste, mais auquel le public reste réticent et qui remet complètement en cause le principe même du théâtre. Les pièces nordiques, d'Ibsen ou de Bjørnson par exemple, avec leur portée sociale, juridique, philosophique et leurs entrelacs psychologiques sont également en vogue. Enfin, les grandes reprises classiques sont toujours portées à la scène et on représente encore au théâtre des pièces selon les codes scéniques du siècle qui se termine. L'écriture de Rostand est à la rencontre de tous ces mouvements et en les rassemblant dans son œuvre, sublime également l'essence de son époque. Le choix de la versification par exemple, le rapproche des modèles anciens, alors que le traitement léger, vif et brillant de son sujet virevoltant donne à la pièce un souffle résolument moderne. Même, l'avalanche de décors, de personnages et de mots (il y a énormément de vers dans *Cyrano de Bergerac*), rapproche l'œuvre des fantaisies de

Maeterlinck par exemple.

Mais l'œuvre n'est pas seulement l'expression de son époque et c'est justement parce qu'elle traite de thèmes éternels comme l'amour, le courage et la fidélité qu'elle a connu une telle postérité. Le mythe fascine, et si la pièce n'a pas stylistiquement donné naissance à une nouvelle esthétique, elle crée pourtant un personnage fascinant qui provoque aujourd'hui encore l'admiration du public. Ainsi, la pièce de Rostand à donné lieu à diverses adaptations sous forme d'opéras, de ballets, de bandes dessinées, de films ou téléfilms dont le plus connu reste sans doute celui de Jean-Paul Rappeneau sorti en 1990, où Gérard Depardieu endosse le rôle titre.

LES THÈMES
PRINCIPAUX

L'amour pur

Cyrano de Bergerac est bien sûr une histoire d'amour, mais une histoire d'amour très simple, très pure et dont la profondeur est dénuée des enjolivements qui déguisent parfois les sentiments dans les déclarations de la pièce. A priori les personnages sont tous superficiels, en ceci qu'ils se cachent derrière des apparences : Magdeleine derrière le masque de la précieuse Roxane et ses artifices de langage, Christian derrière sa beauté et les mots de Cyrano, Cyrano derrière son nez qu'il rend responsable de tous ses malheurs et l'éclat constamment surjoué de son orgueil. Le cœur de ces personnages est pourtant très simple et honnête et c'est ce qui se découvre progressivement dans la pièce. Au départ, Christian courtise Roxane avec des mots qu'il tire de Cyrano mais les mots de Cyrano sont eux-mêmes des emprunts aux classiques de la rhétorique amoureuse. Comme le dit Roxanne, il « disserte » (III, 1) sur l'amour, reprenant, bien qu'avec une maîtrise admirable, les antithèses et comparaisons traditionnelles du langage galant et amoureux. Roxane est une précieuse. En ce sens, elle a de l'amour des idées préconçues et souhaite être courtisée dans les règles. Pour cette raison, elle souhaite par exemple, que Christian l'entretienne tous les jours d'un sujet nouveau.

Mais c'est lui, le premier, qui veut à sa façon brouillonne mettre fin au jeu de l'amour et exprimer simplement sa passion comme il l'explique à Cyrano (III, 3). Malheureusement, Roxane ne l'entend pas de cette oreille et son manque d'éloquence le conduit à un échec cuisant (III, 4). Néanmoins, dépassé par la force de ses sentiments, Cyrano en vient lui aussi à refuser ces détours de langage et ces jeux d'esprit. Il veut parler avec son cœur et c'est quand il le fait que Roxane tombe réellement amoureuse pour la première fois (III, 7). En entendant Cyrano mettre son cœur à nu et rejeter les détours galants, elle en oublie son rôle, devient alors elle-même et pour la première fois, se laisse déborder par ses sentiments au point d'en verser des larmes. C'est Roxane, la précieuse qui est amoureuse de Christian, mais c'est Magdeleine qui est amoureuse de Cyrano sans le savoir. Elle avoue d'ailleurs à Christian pendant le siège d'Arras que c'est à ce moment-là qu'elle a commencé à aimer vraiment. Dans l'acte IV, elle fait encore un pas vers la pureté de l'amour en le débarrassant de toute existence matérielle puisse qu'elle l'aimerait même « laid ». Enfin dans l'acte V, l'amour est devenu parfaitement pur. Il est même presque entièrement détaché de désir et en découvrant qu'elle a toujours aimé son cousin, Roxane laisse éclater un amour à la fois maternel, sororal et passionnel et Cyrano avoue avoir trouvé en elle à la fois une « mère », une « sœur », et une « amante » parce qu'elle a été son « amie ».

Cet amour d'ailleurs reste toujours très chaste. Roxane et Christian ne consomment jamais leur mariage et Cyrano ne fréquente aucune autre femme qu'elle. En ceci, cet amour respectueux et même idéal dans sa dimension platonique, est bien différent de celui que de Guiche ressent pour la jeune femme puisqu'il veut en faire sa maîtresse comme l'indique la lettre qu'il remet au capucin (III, 11). Roxane même, s'offusque lorsque Christian devient trop insistant (III, 5) et veut lui baiser le cou. En revanche, le baiser qu'il échange dans la scène du balcon est l'expression même de cet amour pur, il est comme une communion par procuration de deux âmes faites pour se rencontrer, plutôt qu'une véritable union physique puisqu'en embrassant Christian, ce sont les mots et donc le cœur de Cyrano que Roxane embrasse.

Le sacrifice

Le sacrifice est le cœur de l'intrigue même s'il n'est pas directement perçu comme tel. Cyrano croit d'abord que l'amour du beau Christian et son manque d'éloquence sont une chance offerte pour déclarer son amour à Roxane. Il a enfin trouvé un interprète à ses sentiments. Mais le jeu se retourne vite contre eux. Son pantin réclame son indépendance et la passion des jeunes gens le prend de vitesse. Finalement, c'est lui qui se transforme en interprète du cœur brouillon du jeune Christian. Il n'est plus un poète en pleine lumière mais un nègre qui finit même par travailler dans la clandestinité (il envoie des lettres à Roxane sans prévenir Christian pendant le siège d'Arras). En apprenant la substitution, Roxane qualifie même son acte de « généreuse imposture » (V, 5), ce qui en fait la figure même du sacrifice.

C'est que Cyrano associe le sacrifice à sa fierté, à son « panache ». La pièce commence donc par un sacrifice, jugé inutile par le Bret, celui du don de sa bourse (I, 4). Il se dévoue ensuite pour combattre les 100 hommes attendant Lignière à la porte de Nesle, pour protéger Christian sur la demande de Roxane (au sein des Cadets et pendant le siège d'Arras), et enfin pour Christian durant sa vie et par-delà la mort, puisqu'il n'avoue jamais à quiconque le secret de son amour. C'est d'ailleurs là que le sacrifice est le plus remarquable, le plus insensé et le plus beau. Il sait que Roxane l'aimait en Christian, il l'aime toujours, mais il ne peut pas se résoudre à briser l'illusion qu'ils ont entretenue et préfère laisser la jeune femme dans l'ignorance.

Cette attitude sacrificielle vire parfois à l'excès et Le Bret reproche par exemple à Cyrano d'avoir trop de fierté et de se faire du tort au nom de principes excessifs (II, 8). Ainsi, pour satisfaire à son idée de la grandeur, il rejette la protection des grands, se défait de ses moyens de subsistance et même se réserve toujours le traitement le plus ingrat. C'est par exemple celui qui se repose et se nourrit le moins pendant le siège d'Arras (IV).

Dans cette perspective il cultive la difficulté et même l'échec. Comme il doit perpétuellement se sacrifier, sa plus grande réussite est justement de tout manquer en le faisant plus ou moins exprès. Ainsi, dans l'acte V, par exemple, qui agit comme une sorte de bilan, il s'oppose à de Guiche qui a tout réussi. Le Comte a pour lui la gloire, les honneurs, l'argent et la protection des puissants, alors que le brillant Cyrano vit abandonné de tous, misérable, sans le sou et mal portant. Ainsi au moment de mourir, il déclare : « J'aurai tout manqué, même ma mort. » En effet, mourir lâchement frappé d'une poutre peut sembler une fin indigne du héros de la pièce. Néanmoins, c'est justement dans cette culture de l'échec, dans cette obstination au sacrifice et à la souffrance grandiose que réside l'essence même de la grandeur du personnage. Ce sont ses échecs recherchés qui lui garantissent sa liberté et lui donnent son « panache ».

La timidité et le courage

Pour comprendre le paradoxe de ce « panache » qui fait naître la brillance de l'échec, il faut mesurer le lien étroit qu'entretiennent la timidité et le courage dans l'œuvre. En effet, si Cyrano est un personnage brillant, impulsif et qui n'hésite pas à prendre d'assaut le premier chaland venu, on peut voir dans cette poursuite de la confrontation une preuve de sa timidité. Il laisse rarement voir ses moments de faiblesse et le seul témoin en est généralement Le Bret qui restera au cours des années son ami le plus fidèle. Il est toujours auprès de lui dans l'acte V. Ainsi, c'est à lui qu'il confie son amour pour

Roxane, sa crainte d'être rejeté et sa tristesse d'être laid (I, 6), et c'est encore lui qui devine que Cyrano est malheureux après son entretien avec Roxane (II, 8).

Ici encore l'aspect du personnage est celui d'un bretteur vif et bruyant qui aime se faire remarquer : sa première apparition sur scène a quand même lieu au théâtre donc devant un véritable « public » et il monte sur la scène pour remplacer le spectacle qui doit être joué et faire de sa propre verve et habileté à l'épée une source de divertissement et d'admiration publique (I, 3). Mais cette attitude ostentatoire cache en fait une gêne profonde. « Ma mère ne m'a pas trouvé beau » avoue-t-il en mourant. Il confie par là l'origine d'un manque d'amour profond et révèle une faiblesse douloureuse

Ainsi, le nez est un masque ostentatoire, presque un symbole de ce que ressent Cyrano. Il est à la fois un artifice derrière lequel il se cache, n'existant que sous la forme métonymique de son appendice, et qui sert d'appui à son attitude orgueilleuse et fière, et l'expression de la façon dont il se considère lui-même. Cyrano est laid parce que c'est ainsi qu'il se voit. Il grossit outrancièrement son nez (dans ses paroles et dans les avertissements qu'il distribue à ce propos) qui lui sert d'excuse pour pouvoir se sacrifier et pour ne pas devoir rechercher l'amour. Le nez est la raison de son attitude brillante mais aussi l'appendice à blâmer quand il n'obtient pas ce qu'il désire. On peut donc le considérer comme un élément symbolique. S'il est visuellement si gros à la scène, c'est pour représenter la difformité avec laquelle Cyrano se perçoit lui-même. D'ailleurs, quand il est question de son physique, il parle généralement de son nez comme d'un objet étranger ne lui appartenant pas et qu'il décrit comme s'il l'observait. C'est par exemple ce que l'on voit quand il décrit l'ombre de son nez « sur le mur du jardin ». Cela montre qu'il a une conscience aiguë du regard des autres. De la même manière,

Christian se cache sous le masque du bellâtre et s'interdit d'avoir de l'esprit car il a peur d'en manquer. La manière dont il attaque Cyrano n'est pas, ainsi que ce dernier le lui fait remarquer, l'œuvre d'un « sot », simplement, en amour, Christian est paralysé par ses sentiments et n'ose qu'être bête.

La tristesse de l'attitude de Cyrano fait sa beauté, en ceci qu'elle l'empêche d'accéder au bonheur tout en le rendant admirable. Mais peut être redoute-t-il justement le bonheur qui ne ferait plus de lui un héros. Ainsi, il préfère sacrifier ses chances de félicité que l'image du héros généreux, poète maudit et libre penseur qu'il défend encore contre la mort dans la scène finale et contre les allégories du « Mensonge », des « Compromis », des « Lâchetés ».

ÉTUDE DU MOUVEMENT LITTÉRAIRE

Cyrano de Bergerac, rédigé en 1897, se situe à la frontière de deux siècles et au carrefour de plusieurs esthétiques théâtrales. Ainsi, on retrouve dans l'œuvre de Rostand plusieurs influences esthétiques.

Le drame Romantique

Inventé par Hugo qui en définit les grands principes dans sa préface de *Cromwell*, Rostand en est l'héritier direct. On en retrouve en effet plusieurs éléments comme :

Le drame historique. Comme Hugo, Rostand place son intrigue dans une situation historique donnée dont il suit les codes. Ainsi plusieurs éléments font « couleur locale » (le terme est d'Hugo lui-même). Il s'agit de faire exister dans le texte une ambiance particulière et unie qui fait sens avec elle-même et qu'on retrouve dans certains éléments précis. Ainsi, les exclamations des Gascons telles « Mordious » ou les référence au contexte historique et politique dans lequel vivent les personnages : il est question de Richelieu, de Buckingham, de Descartes, des membres de l'Académie… Rostand en outre, s'est beaucoup documenté pour écrire sa pièce. Il a respecté non seulement la vie de Cyrano mais encore l'histoire plus générale qu'il représente par exemple directement avec le siège d'Arras dans l'acte IV.

L'alexandrin. « Forme optique de la pensée » pour Hugo qui pense qu'il permet d'exprimer la vérité des sentiments des personnages, leur quintessence et poétise la pièce, Rostand le reprend tout naturellement. Son vers est brillant, vif, parfois volontairement déséquilibré pour créer une nouvelle dynamique. Il met même d'ailleurs en scène cette recherche poétique à travers les nombreux personnages de poètes de la pièce qui décrètent parfois s'apprêter à faire des vers sans être conscients qu'ils en énoncent constamment. Cyrano par exemple, n'est conscient qu'il est poète que dans son premier duel, en présentant les Cadets à de Guiche et en réconfortant les Gascons au siège d'Arras, trois moments pour lesquels la forme poétique change et se fait véritablement plus construite (notamment par l'usage d'anaphores). Sa poésie d'ailleurs, se fait de plus en plus grave et profonde à mesure de ces créations. C'est justement pourquoi l'alexandrin de Rostand semble si naturel. L'alexandrin pourtant, n'est pas un choix si évident à l'époque de Rostand.

Le mélange de grotesque et de sublime. C'est surtout dans ce dernier point que l'on retrouve le drame romantique. Jugeant la peinture du beau en art par trop systématique, Hugo veut rapprocher son théâtre des réalités humaines en dépeignant la laideur qui coexiste nécessairement avec le beau dans le monde. Le grotesque permet ainsi de mieux ressentir le sublime par effet de contraste et confère à l'œuvre une force plus grande et plus émouvante. « Le beau n'a qu'un type ; le laid en a mille » déclare Hugo pour souligner l'infini réservoir littéraire de ce champ trop inexploré. C'est exactement ce qui rend le personnage de Cyrano si admirable. D'une laideur ostensiblement exhibée, il est pourtant admirable et manifeste des vertus dignes des plus poignants héros de tragédie. Sa laideur est presque bouffonne. Son nez en lui seul est ridicule, vraiment grotesque et c'est comme cela d'ailleurs qu'il le décrit toujours. Mais ce que ce nez le pousse à être, la verve qu'il lui donne, en fait un personnage purement sublime, justement parce qu'il concilie cette contradiction de grandeur et de ridicule. On retrouve cette idée dans la première description sincère qu'il fait de lui-même à Le Bret. En déclarant : « La divine beauté des larmes se commettre avec tant de laideur grossière ! » il s'insurge d'un tel tableau, mais c'est pourtant ce que la pièce crée. Et si ce ne sont pas ses larmes, ce sont d'abord celles de Roxane qu'il touche profondément sur son balcon, puis celles du public qui est justement sensible au sublime artistique qu'incarne le personnage par son ambivalence.

Le baroque

Sans être un mouvement littéraire, le baroque est l'esthétique à la mode du temps du véritable Savinien de Cyrano de Bergerac. Rostand reprend donc à son compte certains éléments qui manifestent l'esthétique dans laquelle progresse son héros. Ainsi, la brillance, l'éclat, la verve et la vivacité de Cyrano, en sont des traits particuliers.

On peut même retrouver dans le personnage certains échos à la *commedia dell'arte* qui alimente elle aussi le baroque. Ainsi, Cyrano fait penser à certains « types » (des personnages dont le caractère, la psychologie et souvent le physique sont plus ou moins définis et peuvent se retrouver indifféremment mis en scène dans diverses pièces). Il rappelle par exemple celui du « Matamore », guerrier bruyant, manifestant toujours une volonté d'en découdre et s'emportant facilement, mais qui n'a pas fait la moitié des exploits qu'il proclame et dont les paroles sont surtout des rodomontades. Cyrano a réalisé tous les exploits dont il parle mais la carrure imposante du personnage rappelle néanmoins Matamore.

La littérature précieuse, galante

C'est encore une référence au contexte dans lequel évoluent les personnages. Roxane est une précieuse et c'est en tant que telle que Cyrano commence par la courtiser. Ainsi, le spectacle donné par Montfleuri, les exclamations des Marquis et autres références au Tendre (une carte inventée par Madeleine de Scudéry qui représente en métaphores topographiques le chemin que les amants doivent parcourir pour gagner le cœur de celle qu'ils courtisent) étayent la pièce de références à ce contexte littéraire. Les noms de Voiture et de Saint-Amant, célèbres poètes précieux, sont mentionnés. Le début de la pièce qui dessine cette esthétique met donc en scène des détours de langage, des métaphores ampoulées, des oxymores et des métaphores frappantes. La préciosité est un jeu de l'esprit qui se plaît à mettre en mots (et des mots délicats) les moindres détours des sentiments. C'est ce que Roxane demande à Christian en lui disant « délabyrinthez vos sentiments ».

Le Symbolisme

Il fait ses débuts à l'époque de Rostand. Le symbolisme est une forme poétique puis théâtrale qui cherche à exprimer par une image une idée sous-jacente abstraite. Ainsi, c'est une esthétique de la suggestion qui cherche par des analogies à exprimer ce qui se cache derrière la surface apparente des représentations. Outre le fait qu'aucun personnage ne soit exactement ce qu'il parait être dans *Cyrano*, on peut plus généralement voir dans le nez du personnage principal, un symbole exagérément grossi de sa timidité et de son courage. Il se cache autant derrière ce nez qu'il l'exhibe et s'en sert pour pourfendre la médiocrité.

De plus, la figure de l'artiste original et provocant est typique de la représentation symboliste. Ainsi, Cyrano rejette à coups de « non merci » enflammés la domination d'autrui sur son art et sur sa vie quand bien même cela pourrait grandement faciliter sa vie. Il est agissant, responsable, affranchi des maîtres et représente même en quelque sorte un écho à la figure du poète maudit car sa brillance mêlée à sa soif d'indépendance le conduisent à la pauvreté et à l'oubli à la fin de sa vie.

DANS LA MÊME COLLECTION
(par ordre alphabétique)

- **Anonyme**, *La Farce de Maître Pathelin*
- **Anouilh**, *Antigone*
- **Aragon**, *Aurélien*
- **Aragon**, *Le Paysan de Paris*
- **Austen**, *Raison et Sentiments*
- **Balzac**, *Illusions perdues*
- **Balzac**, *La Cousine Bette*
- **Balzac**, *La Femme de trente ans*
- **Balzac**, *Le Colonel Chabert*
- **Balzac**, *Le Lys dans la vallée*
- **Barbey d'Aurevilly**, *L'Ensorcelée*
- **Barbey d'Aurevilly**, *Les Diaboliques*
- **Bataille**, *Ma mère*
- **Baudelaire**, *Les Fleurs du Mal*
- **Baudelaire**, *Petits poèmes en prose*
- **Beaumarchais**, *Le Barbier de Séville*
- **Beaumarchais**, *Le Mariage de Figaro*
- **Beauvoir**, *Mémoires d'une jeune fille rangée*
- **Beckett**, *En attendant Godot*
- **Beckett**, *Fin de partie*
- **Brecht**, *La Noce*
- **Brecht**, *La Résistible ascension d'Arturo Ui*
- **Brecht**, *Mère Courage et ses enfants*
- **Breton**, *Nadja*
- **Brontë**, *Jane Eyre*
- **Camus,** *L'Étranger*
- **Carroll**, *Alice au pays des merveilles*
- **Céline**, *Mort à crédit*

- **Céline**, *Voyage au bout de la nuit*
- **Chateaubriand**, *Atala*
- **Chateaubriand**, *René*
- **Chrétien de Troyes**, *Perceval*
- **Cocteau**, *La Machine infernale*
- **Cocteau**, *Les Enfants terribles*
- **Colette**, *Le Blé en herbe*
- **Corneille**, *Le Cid*
- **Crébillon fils**, *Les Égarements du cœur et de l'esprit*
- **Defoe**, *Robinson Crusoé*
- **Dickens**, *Oliver Twist*
- **Du Bellay**, *Les Regrets*
- **Dumas**, *Henri III et sa cour*
- **Duras**, *L'Amant*
- **Duras**, *La Pluie d'été*
- **Duras**, *Un barrage contre le Pacifique*
- **Flaubert**, *Bouvard et Pécuchet*
- **Flaubert**, *L'Éducation sentimentale*
- **Flaubert**, *Madame Bovary*
- **Flaubert**, *Salammbô*
- **Gary**, *La Vie devant soi*
- **Giraudoux**, *Électre*
- **Giraudoux**, *La Guerre de Troie n'aura pas lieu*
- **Gogol**, *Le Mariage*
- **Homère**, *L'Odyssée*
- **Hugo**, *Hernani*
- **Hugo**, *Les Châtiments*
- **Hugo**, *Les Contemplations*
- **Hugo**, *Les Misérables*
- **Hugo**, *Notre-Dame de Paris*
- **Huxley**, *Le Meilleur des mondes*
- **Jaccottet**, *À la lumière d'hiver*
- **James**, *Une vie à Londres*

- **Jarry**, *Ubu roi*
- **Kafka**, *La Métamorphose*
- **Kerouac**, *Sur la route*
- **Kessel**, *Le Lion*
- **La Fayette**, *La Princesse de Clèves*
- **Le Clézio**, *Mondo et autres histoires*
- **Levi**, *Si c'est un homme*
- **London**, *Croc-Blanc*
- **London**, *L'Appel de la forêt*
- **Maupassant**, *Boule de suif*
- **Maupassant**, *Le Horla*
- **Maupassant**, *Une vie*
- **Molière**, *Amphitryon*
- **Molière**, *Dom Juan*
- **Molière**, *L'Avare*
- **Molière**, *Le Malade imaginaire*
- **Molière**, *Le Tartuffe*
- **Molière**, *Les Fourberies de Scapin*
- **Musset**, *Les Caprices de Marianne*
- **Musset**, *Lorenzaccio*
- **Musset**, *On ne badine pas avec l'amour*
- **Perec**, *La Disparition*
- **Perec**, *Les Choses*
- **Perrault**, *Contes*
- **Prévert**, *Paroles*
- **Prévost**, *Manon Lescaut*
- **Proust**, *À l'ombre des jeunes filles en fleurs*
- **Proust**, *Albertine disparue*
- **Proust**, *Du côté de chez Swann*
- **Proust**, *Le Côté de Guermantes*
- **Proust**, *Le Temps retrouvé*
- **Proust**, *Sodome et Gomorrhe*
- **Proust**, *Un amour de Swann*

- **Queneau**, *Exercices de style*
- **Quignard**, *Tous les matins du monde*
- **Rabelais**, *Gargantua*
- **Rabelais**, *Pantagruel*
- **Racine**, *Andromaque*
- **Racine**, *Bérénice*
- **Racine**, *Britannicus*
- **Racine**, *Phèdre*
- **Renard**, *Poil de carotte*
- **Rimbaud**, *Une saison en enfer*
- **Sagan**, *Bonjour tristesse*
- **Saint-Exupéry**, *Le Petit Prince*
- **Sarraute**, *Enfance*
- **Sarraute**, *Tropismes*
- **Sartre**, *Huis clos*
- **Sartre**, *La Nausée*
- **Senghor**, *La Belle histoire de Leuk-le-lièvre*
- **Shakespeare**, *Roméo et Juliette*
- **Steinbeck**, *Les Raisins de la colère*
- **Stendhal**, *La Chartreuse de Parme*
- **Stendhal**, *Le Rouge et le Noir*
- **Verlaine**, *Romances sans paroles*
- **Verne**, *Une ville flottante*
- **Verne**, *Voyage au centre de la Terre*
- **Vian**, *J'irai cracher sur vos tombes*
- **Vian**, *L'Arrache-cœur*
- **Vian**, *L'Écume des jours*
- **Voltaire**, *Candide*
- **Voltaire**, *Micromégas*
- **Zola**, *Au Bonheur des Dames*
- **Zola**, *Germinal*
- **Zola**, *L'Argent*
- **Zola**, *L'Assommoir*